東京ができるまで

善財佐紀
ZENZAI Saki

文芸社

はじめに

1868年の明治維新により、それまで「江戸」と呼ばれていた町は「東京」と名前を変えました。東京は、実は法的な根拠がないのですが、事実上、日本の首都であることを広く認められています。政治の中枢であり、世界的な経済都市でもあり、文化や学術の発信地でもあるのです。

しかし、大都市東京も太古の昔から大都市だったわけではありません。いまのような繁栄に至るまでには様々な苦難があり、そのたびに知恵と努力で乗り越えてきた先人たちの苦労があったことを、忘れてはならないと思うのです。

はじめて東京に住んだ人々は、どのような人たちだったのでしょう。なぜ東京に住むことを選んだのでしょう。東京の台地には多くの縄文集落があったことがわかっています。東京に住むことを選んだ縄文の人々が、その後の気候変動や自然災害に、どのように対処していったのか、西日本から広まった水田稲作文化を、どのような思いで受け入れ、生活様式を変えていったのか、まだまだわかっていないことは多くあります。

中央集権国家に組み込まれていきながらも、都の置かれた奈良や京都からは遠く離れ、辺境の地とされていた中世の東京の姿はどのようなものだったのか、そしてそこに徳川家康がやって来て、何がどう変わったのか、いまの東京のベースとなる形がどのように作られたのかということは、いまの東京を知るうえでも重要なことです。

江戸の町を何度も襲った災害に、幕府はどう対処したのか。文明開化は東京の姿をどのように変え、人々の暮らしをどう変えたのか。そして関東大震災で灰塵《かいじん》に帰した東京の町を蘇らせた人々の想い、さらにその数十年後に東京大空襲を受け、再び焼け野原から立ち上がり、世界的大都市を築き上げるまでに至った幾人もの人々の想いを、いま東京の恩恵に浴している私たちはもっと知る必要があるのではないでしょうか。

多くの人々の犠牲と努力で護られ、築き上げられた東京は、祖先から受け継いだ大切な財産です。私たちの時代で食いつぶしてしまうようなことは、決してあってはならないことですし、できることなら、もっと豊かな形で次の世代へ引き継ぎたいものです。そのためには、まずは東京がこれまで歩んできた道のりを、大枠だけでも知ろうとすること、さらには、そこから何かを学び活かすことが大切なのではないか、と思います。また、東京だけでなく、日本中のあらゆる地域で、同じように困難を乗り越えて土地を引き継いできたご先祖様がいたはずです。ご自身の地域がどのような道のりを歩んできたのかを知ろうとする作業のなかで、ご自身の共同体に対し、あらためて誇りを持つことに繫がればと願っています。

この本を書くにあたっては、できるだけわかりやすく、伝わりやすい内容を心がけ、複雑な話になりそうな部分は、別に詳しい書籍などをご紹介するにとどめたいと思っています。そのような意図から表現を簡易にするために複雑な事柄は簡略化する場合もあることをご承知おきください。

東京ができるまで　目次

はじめに……1
縄文銀座……8
諏訪大社と縄文……13
蓬莱島……21
はるかな旅……24
パイパティローマ　25
ことば　26
海洋国家　29
海の民……32
1万年……35

階層社会……38
水辺の仏様……44
土地を統制する……47
江戸の町……52
三浦半島……57
上野戦争……64
荒川放水路……66
首都……73

おわりに……86

参考文献……89

東京ができるまで

縄文銀座

縄文時代は草創期、早期、前期、中期、後期、晩期と6つに区分されます。全国的にもっとも遺跡数が多く、縄文時代のピークともいわれる縄文中期の遺跡数を都道府県別に集計すると、東京都は2位にランクインしますが、ダントツで長野県内が多く、その大多数が八ヶ岳山麓に集まっ

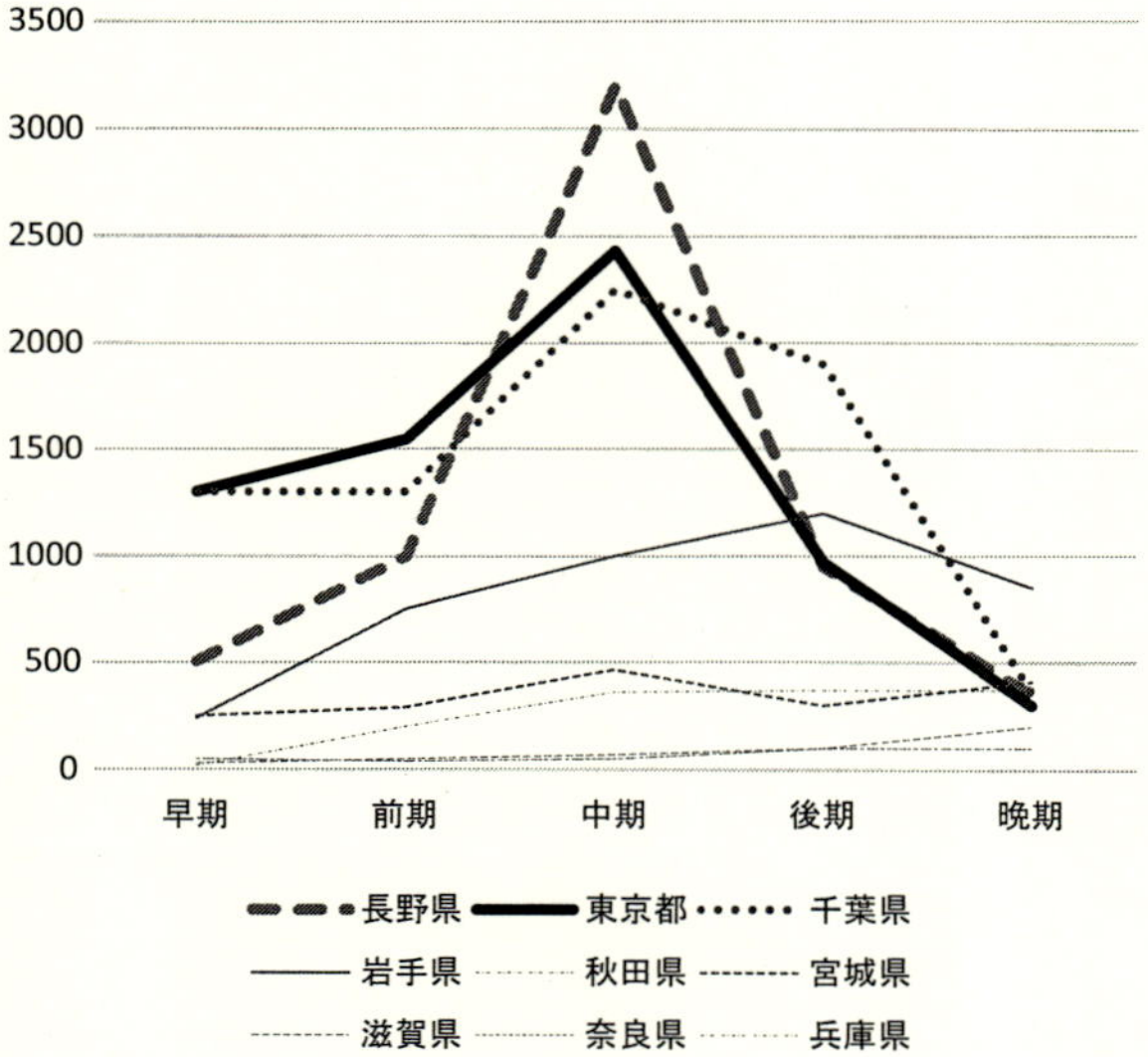

遺跡数グラフ

（出所）ビジュアル版　縄文ガイドブック　新泉社　勅使河原彰

ていることから、八ヶ岳山麓は縄文銀座と呼ばれているそうです。

八ヶ岳山麓にある尖石《とがりいし》縄文考古館では、この付近で発掘された縄文時代の土器や土偶を山ほど展示しています。「縄文のビーナス」と呼ばれている、とても豊かな体型の女性と思われる土偶や、「仮面の女神」と呼ばれる、これまたどっしりと安定感のある女性と思われる土偶など、国宝に指定された貴重な縄文の文化財を観ることができます。

縄文の人々は植物の繊維で布を織り、衣服を作っていたこともわかっていて、復元した衣服も展示されているのですが、それが驚くほど出来が良く、仮に現代の町で着ていても、なかなかお洒落だな、と思うようなものなのです。また、食べ物はクルミやドングリなどの木の実をすり潰し、平たくして焼いたクッキーのようなものも作って食べていたとか。煮たり焼いたり、あく抜きも行っていたりと、わりと豊かな食生活だったようです。さらに、おそらく日本列島には自生しないと考えられているウルシが集落近くに植えられていたことなどから、縄文の人々は交易などで手に入れたウルシを敢えて栽培し、木で作った器に防腐剤として塗布するなどしていたと考えられています。漆芸といえば日本が誇る伝統工芸品ですから、もしかするとその起源は縄文時代にまで遡れるのかもしれないですね。

八ヶ岳の麓、上諏訪から車で山道をぐんぐん登って行った長和町というところに、黒曜石ミュージアムがあります。この一帯は縄文時代の黒曜石採掘地で、黒くキラキラと黒曜石が散りばめられた地層の様子からなのでしょうか、「星糞峠《ほしくそ》」と呼ばれているそうです。黒曜石はここ以外にも日本国内で採取できる場所はあるのですが、この八ヶ岳一帯で採れるものは質が高く見た目も美しいということで、縄文時代には大変人気があったそうです。ここを産地とする黒曜石が日本各地の縄文遺跡から発掘されることから、広く交易品として通用していたことがうかがえます。

黒曜石は火山の溶岩が元になったガラス質の石で、切れ味鋭いナイフに加工したり、鏃《やじり》にしたりと、縄文の人々にとって無くてはならないものでした。そのため、質の良い黒曜石を求めて縄文の人々はこの八ヶ岳山麓にたくさんやって来たと考えられています。

高級ブランドである信州産の黒曜石を採掘して加工し、交易をするために、八ヶ岳山麓に集落を作っていったのですね。いまも昔も、流行の発信地はみんなが住みたがる、人気の高い町になるわけです。この縄文時代の八ヶ岳一帯については藤森英二さんの著作『信州の縄文時代が実はすごかったという本』が詳しいので、ぜひ手に取ってみてください。

さて、それでは縄文中期の遺跡数第2位にランクインした東京の縄文時代はどのような暮らしだったのでしょうか。東京の縄文遺跡は、武蔵野市やあきる野市、多摩ニュータウンなどから多く見つかっています。東京にお住まいの方なら、「高台だな」と思われるでしょう。縄文時代前期は気候がとても温暖で、現在よりも5メートルほど東京湾の海面が高かったといわれています。いまよりも内陸まで海岸線が入り込み、この頃の東京は平地が無い、山か海かの二者択一の地形であったと考えられています。日あたりが良く、浸水の恐れも少ない台地上に集落を作り、山の湧水を飲み、森で木の実を採ったり、漁をするときは川や海へ下りていくという生活をしていたのでしょう。

関東では海産物や貝製品、そして貴重なコハクなどを山梨や長野へ運び、交易によりヒスイや黒曜石を手に入れていたようです。温暖な気候と自然環境により、豊かな食糧と交易品を手に入れることができた東京の台地上は、人気のエリアだったのでしょう。

諏訪大社と縄文

もう少し八ヶ岳山麓の話をします。

諏訪大社には上社《かみしゃ》と下社《しもしゃ》があり、さらに上社には前宮《まえみや》と本宮《ほんみや》、下社には春宮《はるみや》と秋宮《あきみや》があります。計4つのお社《やしろ》があるのですが、ご祭神《さいじん》は諏訪明神のタケミナカタとその妻であるヤサカノトメです。

諏訪の神様であるタケミナカタは、もとは出雲の神様でした。出雲の国を譲るように迫ってきたアマテラスの使いに追い払われてしまって、諏訪の地まで逃げてきたのだそうです。そしてタケミナカタは降参し、「出雲国はアマテラスに差し上げます、自分は諏訪から一歩も出ないで大人しくしますす」と誓ったのです。日本では、10月になると全国の神様が出雲に集まるため「神無月《かんなづき》」といわれますが、諏訪地方では出雲地方と同じく「神在月《かみありづき》」なのだとか。タケミナカタが諏訪から一歩も出ないので。

諏訪大社上社の神職を代々務めるのは諏訪氏という氏族ですが、その諏訪氏を補佐する神長官という役職があり、上社の神長官を代々務めるのが守矢氏であり、一方下社の神官を務めるのが金刺《かなさし》氏でした。同じ諏訪大社ですが、上社と下社は趣がだいぶ異なっていて、上社は狩猟採集の神様、下社は農耕の神様、といった印象を与えます。

通常、神社は死穢《しえ》を忌み嫌うので、獣肉などを境内に持ち込むことはタブーなのですが、諏訪大社の上社では御頭祭《おんとうさい》といって、鹿や猪の頭を祭壇にならべ、ウサギの串刺しや内臓を神様へお供えする神事が行われていました。日本が農耕社会になる以前の狩猟採集的自然観や宗教観が息づいているのかもしれません。一方の下社ではこのような神事は行われておらず、同じご祭神をお祀りしているのに、不思議ですね。これは神話によると、の話ですが、上社の神長官である守矢氏がキーになっているようです。

タケミナカタが諏訪へ逃げてきた際に、もともと諏訪の地にいた土着の神である洩《も》矢神《りやのかみ》に阻まれ、一悶着あったらしいのです。結局洩矢神がタケミナカタに一歩譲り、タケミナカタを補佐していくことになった、それが神長官守矢氏の始まりだったというのです。一方で下社の神官である金刺氏は土着の氏族ではなく、中央政権からやって来た氏族のようです。神話がもし事実をもとに語られたものだとしたら、アマテラスつまりは大和朝廷の勢力により出雲の国を奪われた出雲族が諏訪まで逃げてきたところ、諏訪に先住していた人々と諍いがありつつも、うまく共存することになった、といったストーリーが見えてきます。

タケミナカタは、元は出雲の神様で、お父さんは大国主神《オオクニヌシノカミ》です。そしてお母さんは高志沼河姫《コシノヌナカワヒメ》といいます。

お母さんの名前の「高志《こし》」というのは「越」で、いまの北陸あたりを指します。昔の言葉を考えるとき、漢字にはこだわらず、音に注目した方が良いようです。「コシノヌナカワヒメ」と読んだとき、「ぬ」というのは宝玉を意味することがあるそうで、「越の国の宝玉の河の姫」というような意味になりそうです。

縄文時代の遺跡からは、ヒスイが多く発見されます。そして、そのほとんどが新潟県の糸魚川産です。

察しの良い方ならピンときていると思いますが、この「コシノヌナカワヒメ」は、ヒスイの神様だとされているのです。出雲の大国主とヒスイの神様の子供が、諏訪の神様タケミナカタなのです。

これには面白い話があります。縄文時代にヒスイはとても貴ばれ、日本列島の各地から糸魚川産のヒスイが出土していることから、盛んに交易されていたことがわかっています。弥生時代に入ってもヒスイは大変価値の高いものとされ、権力者の装飾品として加工され、古墳などからもたくさん発見されています。

日本だけでなく朝鮮半島や中国大陸、マヤ文明などアメリカ大陸でもヒスイは貴重なものとして崇められてきました。

ところが、古墳時代のあとの飛鳥時代になると、仏教伝来の時期を境にして、日本のヒスイ文化が急速に消滅していったのだそうです。その原因については不明なのだそうですが、仏教伝来と関連があるのではないかと考えられているようです。

それまで神々の象徴として貴ばれてきたヒスイが、仏教という新たな宗教の普及のためには邪魔になったのではないか、という説があります。

このように、古墳時代の後はヒスイの存在は隠されて、やがて時が経つうちに、日本でヒスイが産出することすら忘れ去られてしまいました。日本列島の様々な古代遺跡から発見されるヒスイは、どこか外国から交易により渡って来たものだと考えられるようにまでなってしまったのだそうです。

日本ではヒスイは産出しない、と考えられていた昭和初期のこと。糸魚川出身の学者さんが地元の神話を調べていたところ、「コシノヌナカワヒメ」がヒスイを身にまとっていたという記述を見て、ひょっとすると、コシノヌナカワヒメが身に着けていたというヒスイは地元で採れたものなのではないか？　という仮説を立てたのだそうです。

そこで周囲の人たちを巻き込んで調査したところ、とうとう糸魚川でヒスイが発見されたのです。

日本でヒスイが採れる、しかも様々な遺跡で出土したヒスイと成分が一致し、日本列島のほぼすべての遺跡のヒスイが糸魚川産であったことが判明した、これは大発見でした。

神話をきっかけに、日本のヒスイ文化が発見されたというお話でした。

諏訪大社上社に話を戻しましょう。諏訪大社のご神体は、下社はご神木、上社のご神体は守屋山という山です。神社では鏡や刀、勾玉《まがたま》などがご神体とされることが多いですが、山や滝や岩や樹木といった、自然そのものをご神体とすることも多く、比較的古い原始的な信仰の形態だといわれています。

上社前宮の周囲は森になっており、参道の御柱《おんばしら》が建てられたすぐ脇を、「水眼《すいが》」という清流が流れています。とても素晴らしい自然のなか、穏やかな空気に包まれたお社です。諏訪の神様は龍の姿をされているといわれており、龍神信仰の地でもあるそうで、境内には鯉の棲む池に水神様が祀られていたりします。

前宮の境内を東西に旧鎌倉街道が通っており、西へ進むと守矢資料館があります。代々諏訪大社上社の神長官を務めた守矢氏の邸宅跡です。その裏手には諏訪大社上社の神職大祝《おおほうり》である諏訪氏の墓所があり、また、そのすぐ近くには御左口《みしゃぐち》神社という小さな祠があります。諏訪地方で昔から信仰されているミシャグジ神を祀っているお社です。

ミシャグジ神については不明なことが多いそうですが、この諏訪地方では大昔から洩矢神＝ミシャグジ神が信仰されており、諏訪大社上社は元来ミシャグジ神を祀る神社だったのではないかという説もあるそうです。ミシャグジ神と守矢氏、諏訪大社については、関裕二さんの著作『信濃が語る古代氏族と天皇』に詳しく記されており、

水眼

諏訪信仰と善光寺や海人族などについても考察されています。

諏訪大社上社のご神体は守屋山という山であり、諏訪の神様は龍のお姿をしている、というと、なんだか奈良の三輪山を御神体とする大神神社の神様と似ていますね。三輪山の神様は大物主神《オオモノヌシノカミ》という蛇の姿をされた神様で、別のお名前が大国主神といいます。そう、諏訪の神様であるタケミナカタのお父さんです。

どうやら出雲系の神様は蛇か龍のお姿をされていることが多いようですね。

蛇は古代からとても神聖視されてきた動物で、なんと縄文土器にも蛇が描かれたと見られるものがとても多いのです。縄文時代から蛇を神聖視する世界観があったのかもしれません。

蓬莱島

２０１９年に国立科学博物館の神沢秀明研究員たちが発表した縄文人と日本列島に住む人々の遺伝子調査の結果によると、縄文人のＤＮＡを引き継いでいる割合はアイヌの人が７割、沖縄の人が３割、本土の人は１割程度なのだそうです。アイヌの人々は縄文人の形質を最も引き継いでいるということがわかりました。

また、本土の人のＤＮＡはおおよそ、縄文人１割、弥生期の渡来人３割、その他６割くらいのＤＮＡ構成だそうです。その他６割って……気になりますね。まさにこの６割の部分が大きな謎とされているところで、様々な説があるのですが、弥生時代から古墳時代にかけて、たくさんの異なる人種の人々が日本列島にやってきて、混血が進み、いまの日本人の基礎になったという説が有力なのです。どこから、どんな人々が、何故、日本列島へやって来たのか……。中国大陸の戦乱からの難民であるという説もあり、はたまたユダヤの失われた10支族であるという壮大な説もあるようです。

この時代の中国大陸では、東の海の向こうに「蓬莱《ほうらい》」という理想郷がある、と考えられていて、これが日本のことだったといわれています。蓬莱には仙人の住む山があり、不老不死の薬があると信じられていました。おそらく富士山のことで、「不死山」だったのだという説もあります。その不老不死の薬を求め、理想郷を目指して大陸の人々が大勢日本列島へやって来たのかもしれないですね。

このようにして渡来した人々との混血により縄文人のDNAが薄まってしまったと考えられるわけですが、縄文人のDNAというのは約1万年という長い年月を、日本列島という隔絶した土地で過ごしたため、大変特異なものになっていたそうで、近しいDNAは世界的にもほとんどなく、わずかにタイの少数部族であるマニ族が近縁であるとか。

マニ族と縄文人の共通の祖先であると考えられているのが、後述するスンダランドで暮らした人々、ホアビニアンという人々です。ホアビニアンのDNAは、もう世界でもほぼ消滅してしまっているので、マニ族は大変貴重な少数部族なのです。そう考えると縄文人のＤＮＡを持つ日本人も、それなりに希少なのかもしれないですね。

はるかな旅

唐突ですが、パイパティローマは、どこにあるのでしょう。

日本最南端の島、波照間島のはるか南の海にあるといわれる伝説の理想郷、パイパティローマ。漢字で書くと南波照間。八重山の言葉で「南」は「パイ」といいます。沖縄民謡の先生に聞いた話ですが、南へむかうほど言語はハ行をファ行で発音し、さらに南へいくと半濁点パ行で発音する傾向があるそうです。たとえば「花」なら、ハナ、ファナ、パナ、と変わっていくのだとか。そして、沖縄では母音eとoをそれぞれiとuで発音することが多いため、「ハテルマ」が「パティルマ」になるというのです。

パイパティローマ

一説には、パイパティローマはフィリピンのルソン島のことだとか、台湾のことだとかいわれているそうですが、私はきっと、スンダランドのことだと思っています。スンダランドは大昔の氷河期の頃、タイの南東からオセアニア付近まで広がっていた広大な平野でした。アフリカで誕生した人類が長い長い旅をして、ユーラシア大陸の東の果てにたどり着き、そこからさらに南に進路をとり、スンダランドへやって来た、それがモンゴロイドの祖先ではないかと考えられているそうです。その祖先はオセアニアやパプアニューギニア、東南アジアや、沖縄へもたどり着きました。そして一部の人々はさらに旅を続け、日本列島に渡り、縄文文化を発展させたのかもしれないと。

縄文時代の遺跡から、いまだに発見されないものがあります。それは戦争を示すもの、人を殺すための戦いの道具と、戦により殺されたと思われる人骨です。約1万年も続いた縄文時代は、世界的にも稀有な、戦争の無い時代だったということです。

平和で実り豊かなパイパティローマは、いまはもう海の底に沈んでいるのかもしれません。

日本では、南の海の果てに楽園や浄土があると考えられている一方で、それは天上世界にあるのだという考え方もあります。いまいる「この世」とか「現世」と地続きの水平線上に「あの世」や「常世」があるという世界観は、このパイパティローマの伝説や、沖縄に伝わる「ニライカナイ」、本土で行われる補陀落渡海《ふだらくとかい》にも表れています。古事記に登場する死者の国である根の国は、地上の出雲の国に入口があるとされています。一方でアマテラスが治める国は天上の高天原《たかまがはら》、人々が暮らすこの世は葦原の中つ国であり、黄泉の国は地下にあるという垂直方向の世界観も日本人は持っていて、この２つを同時に受け入れている精神性は、もとは２つあった神話の世界をひとつにまとめてしまったかのような、摩訶不思議なものに思われるのです。

ことば

ある日たまたまTVをつけたらやっていた番組で、奄美とアイヌ双方の伝統音楽のふれあいをドキュメンタリーで追っていました。

日本語はもともと独特な言語ですが、琉球語は唯一同じ系統の言語または方言だと位置付けられているそうです。日本語と琉球語の関係はフランス語とイタリア語の関係より遠い関係で、だいたい弥生時代から奈良時代の間に分岐していったと考えられています。

アイヌ語は日本語とも琉球語とも違う固有の言語で、同じ系統にあたる言語はいまのところ世界でも見つかっていないらしく、ただ、北米のネイティブ・アメリカンの言語が少し似ているともいわれています。アイヌ語は縄文語を引き継いでいるのではないか、と考える説もあります。縄文語は文字も残されておらず、どのような言葉を使ってコミュニケーションをとっていたのか、まったく知るすべがないのですが、もしもアイヌ語のなかに縄文語の名残が残っているとしたら、アイヌ語を知ることで縄文語を知る手掛かりになるかもしれません。アイヌと縄文の関わりについては、瀬川拓郎さんの『アイヌと縄文』に詳しいです。

現代の日本語も実は細分化すれば多種多様で、関東、関西、東北などで違うのはもちろんのこと、関東の中でも北関東、首都圏、さらに東京の中でも山の手ことば、江戸ことば……とありますが、これらはもう消滅の危機に瀕しているそうです。江戸時代に江戸の町の山の手に多く住んだ武家が使った武家言葉と、町人が使った町人言葉とがありましたが、武家言葉は明治以降に山の手言葉となり、標準語のベースとなりました。ドラえもんに出てくるスネ夫のお母さんが話すような「ざます」言葉が代表例です。

一方町人が話した言葉は商人や職人、河岸で働く人々などがそれぞれ特有の話し方を持っており、「ヒ」と「シ」を区別しないなどの特徴がありますが、明治の近代化政策により標準語ができて以降は、こうした言葉を話す人は減っていっています。ただ、いまでも落語やお芝居などでは聞くことができますね。

琉球語も同じく、沖縄本島、八重山、宮古、与那国、奄美、徳之島、喜界島、与論でそれぞれ違うし、やはり消滅の危機に瀕しています。

アイヌ語も北海道のものを話せる人はもうほんの数人。千島、樺太などのアイヌ語はすでに消滅してしまったとされています。

同化政策のなかで固有の言語を使うことを禁止され、「標準語」という、得体の知れない言語に塗り替えられそうになった時代のなかでも、唄によって言葉が伝えられてきました。言葉だけでなく暮らしも祈りも伝えられてきたのです。これからも唄が消えないことを祈ります。

海洋国家

2022年5月、沖縄復帰50年記念の特別展、「琉球展」が東京国立博物館で開催されました。連休の谷間に観覧したところ、空いていてゆっくり観覧できました。

琉球時代の美術工芸品は螺鈿《らでん》の装飾がとくに素晴らしく、また、絵画も本土の日本画とはまた異なる表現の虎の姿など、とても楽しめました。

縄文期の沖縄の遺跡からも新潟県糸魚川産のヒスイが出土していて、当時の活発な交易の様子がわかるとともに、ヒスイや黒曜石を貴ぶ価値観が本土の縄文人と共通していることに驚かされました。こんなに南北に長い日本列島で、同じ価値観の文化を持っていたのです。

中世の沖縄を統一した琉球王朝は祭政一致で、政治は国王が受け持ち、祭祀は王族の女性である聞得大君《きこえおおきみ》が受け持つことになっていました。本土の大和王朝でも斎王という存在がありましたが、ちょっと似ていますね。

沖縄では本土が農耕稲作を中心とした弥生文化に突入した後も長く狩猟採集の時代が続いたので、貝塚時代と呼ばれる時代区分があり、本土の平安時代あたりまで続き、やがて農耕が定着してからグスク時代、尚氏王朝時代へと続きます。本土の室町時代にあたる15世紀半ば、琉球王国は第一尚氏《しょうし》王朝のもと、海洋国家として日本や明などの国々と活発に交易を行い栄えていました。琉球王が鋳造させた鐘には、その誇りが高らかに謳われています。

「琉球国は南海の勝地にして、三韓の秀を鍾《あつ》め、大明を以て輔車《ほしゃ》となし、日域を以て唇歯《しんし》となす。此の二の中間に在りて湧出する蓬萊島なり。舟楫《しゅうしゅう》を以て万国の津梁《しんりょう》となす」

大国と渡り合い、豊かな文化を育んだ琉球が、船によって万国の架け橋となる気概を表明する、誇り高い銘文です。

このように琉球国は海洋貿易によって栄えていました。他国を侵略せず、交易によって栄えた海洋国家。かつての縄文人も決して領土拡大のための争いなどすることはありませんでした。そして卓越した航海術を用いて交易により栄えた人々でした。

海の民

日本人は農耕稲作の文化である、とよくいわれます。たしかにそうなのでしょう。しかし、日本列島に暮らした人々は稲作よりも以前から漁労に携わっていたともいえます。稲作が広まる以前は専業の漁師というよりも、生活のなかで木の実や貝を採ることもあり、また魚や小動物を狩ることもある、というようなマルチなものだったと考えられています。稲作が広まるなかで、田畑を切り開き稲作を始めることを選ばなかった人たちも当然いたのですが、そうした人々は、稲作以外の生業に特化していき、山で狩りをする者、海で漁をする者などが、それぞれ肉や毛皮、海産物を平地の農耕民と交換しながら糧を得ていくスタイルにシフトしていったのかもしれません。

南北3000キロメートルの長さを持つ日本列島の各地で、縄文時代に同じヒスイを貴ぶ価値観を持っていたことを知り、驚いたことがあります。また、日本列島は山や谷で閉ざされた集落も多いはずなのに、日本中で言葉が通じるのです。縄文時代より人々が活発な交易ネットワークを形成していたからだとも考えられますが、とても不思議なことです。

漁労に特化していった人々は高度な航海術を持っており、中世には世界でも倭人の航海術は有名になっていたようです。有事の際には武装し水軍として戦うこともあり、源平合戦や戦国時代にも、水軍は歴史を動かす力を持っていました。

鎌倉幕府の有力御家人であった三浦氏は、三浦半島を拠点に水軍を持っていました。しかし１２１３年、三浦氏に連なる和田義盛が反乱の末、北条方に敗れると、義盛の息子は鎌倉の海から船で逃れ、熊野地方の太地《たいじ》というところに流れ着きました。そのとき、この太地に住み着いた和田氏の子孫はこの地で小規模ながら行われていた捕鯨を生業とし、さらに１６００年代初頭には、その末裔が捕鯨を組織だてて大規模に行う方法を確立させたということです。この大規模な捕鯨の技は、さほど時間の経たない間に千葉や高知、北九州にも伝播します。海を行きかう人々の技は、陸路よりも速く広まるものなのかもしれません。太地五郎作さんの『日本の古式捕鯨』には、近代化以前の太地町での捕鯨文化が詳細に記されています。

1万年

日本人の精神文化には、約300年間の江戸時代が強く影響している、などとよくいわれますが、日本列島に人が暮らし始めたのはいまからおよそ4万年から3万年前の間だとされています。そこから始まる旧石器時代が、日本人が一番長く経験した文化です。仮に3万6千年前に旧石器時代が始まったときを1月1日として、100年を1日に換算し、1年で日本の歴史をあらわすと、旧石器時代が終わり縄文時代が始まるまでで、もう8月下旬になっています。そして縄文時代は、なんと12月初頭まで続くのです。弥生時代は1週間、江戸時代になるのはもう仕事納めの12月27日です。3日ほどで明治維新をむかえ、関東大震災が発生し、それからあとの歴史はすべて大晦日の出来事なのです。

日本人の歴史の中で約300年の江戸時代は、なるほど重要な存在でしょう。しかし1万年間の縄文時代は、もっと私たちの精神の根っこの部分を形作っているだろう、

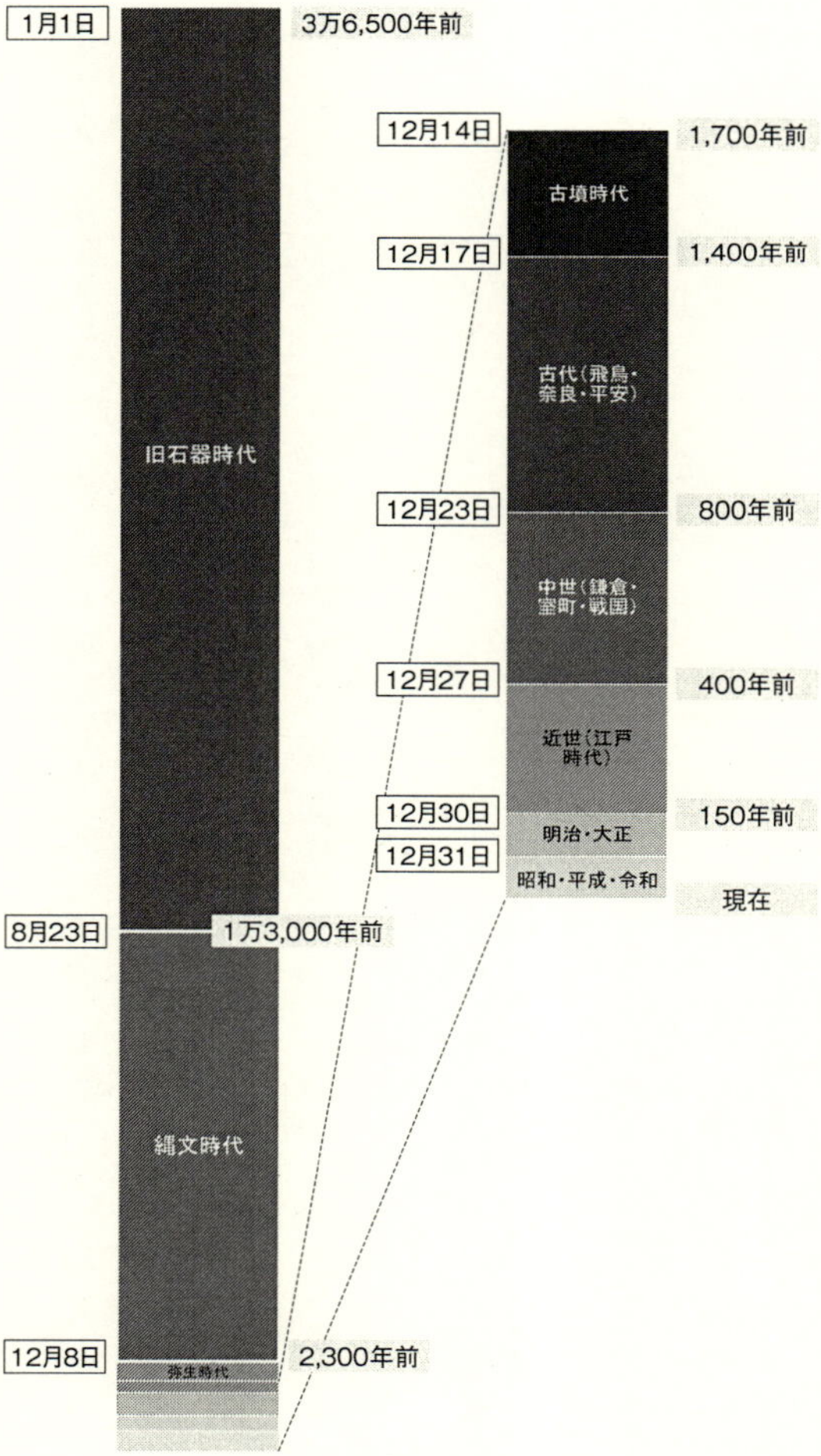

時代区分グラフ

と想像したくなります。日本人の記憶の中には目に見えない下部構造として、縄文の記憶があるのではないでしょうか。そしてそれは日本列島の土地についてもいえることで、東京の町の土台である土地は、約1万年の間、その舞台のうえに縄文文化を育んでいたのです。大規模に開墾されることもなく、切り崩されたり埋め立てられたりすることもなく、ただ地球環境の赴くままに、土地上の人々に恵みをもたらし、ときには災害をもたらしたのでしょう。日本古来の信仰では、神様には和魂《にぎみたま》と荒魂《あらみたま》があり、同じ神でも恵みをもたらす神と禍《わざわい》をもたらす神との二面性があるものと考えられてきました。恵みと禍をもたらす存在である大自然こそ、縄文の人々にとっての神様であり、森羅万象に神様が宿っていると考えたのです。大自然には抗えないものだという諦観こそ、日本人の精神文化に深く刻まれたものなのではないでしょうか。

階層社会

私の実家は三浦半島南東部の県道沿いにあるマンションで、８階にあるそのベランダからは、県道を挟んで山が見えました。山といっても標高50メートルくらいの丘といったほうが良いかもしれないくらいの小山でした。

母は子供を怯えさせるのが趣味だったのか、「あの山には山賊が住んでいる」と言って幼かった私を怖がらせました。20世紀の終わり頃の話です。子供の恐怖心は好奇心と密接に結びついているもので、私は山賊がひょっこり見えやしないかと、何時間もベランダで山を見つめたりしていました。子供は暇で良いですね。

さらに母は、「あの山にはお墓がある」とも言いました。

山は「馬門山《まもんざん》」といって、日本海軍の墓地がある山でした。それだけではなく、その山には、かつて古墳があったことがわかっていました。さらに、その山を切り崩して宅地開発をするために行われた調査で、ここには貝塚があったことも判明していました。

馬門山の海軍墓地は明治15年に海軍省が設けた墓地で、戦死または殉死した軍人が埋葬されています。そのすぐ近くに古墳があったということですが、古墳は前方後円墳で、全長約33メートル、三浦半島で最大のものだそうで、この地域に相当な勢力をもつ支配者層がいたことがうかがわれます。なぜ、古墳時代にも明治の時代にも、この場所が大切な死者の埋葬の場所に選ばれたのでしょう。

一方、貝塚は縄文時代早期から後期にかけてのもので、土器や漁の道具なども発見されました。このあたりは平安時代には三浦一族の水軍の拠点であったとされていて、当時は海岸線が山のすぐ際まで迫っていたと考えられています。

縄文人が集落を築くには、まず飲み水が得られることと、食べ物を得られることが必要です。おそらく海で漁労を行い、山で木の実なども採っていたのでしょう。どこからか、湧き水も得られたのかもしれません。

縄文時代の前期は世界的に気候が温暖で、「縄文海進《かいしん》」といって、現在よりも海面が5メートルほど高く、海岸線が内陸まで入り込んでいたことがわかっています。あの山に暮らした縄文の人々が置かれた環境は、平地の無い、海か山かの二者択一の世界だったのです。その後、縄文後期になると今度は気候が寒冷化していき、山の木々から食べ物が得られなくなってくるとともに、海面が下がり、農耕に適した平地が顔を出しました。縄文の人々は気候の変化による地形や植生の変化を受け入れ、山から平地へと生活の場を移し、田畑を耕し、やがて支配する者と支配される者が生まれ、支配者は山の上に埋葬されたのでしょう。縄文時代には集落のなかに作られていた墓地は、弥生時代には集落の外に作られるようになりました。生者と死者の世界は離れていき、平地に暮らす人々にとっての海や山は、異世界になっていくのです。

突出した支配者層の存在しなかった縄文時代は約1万年続きましたが、縄文人は数十人程度の規模の集落を作り、湧き水と狩猟採集と、小規模な農耕で得られる食物で暮らしていました。縄文人の世界観には、物を所有するという概念が無かったということがいわれています。飲み水も食物も、たとえそれが苦労して仕留めた獲物だったとしても、それは自分のものではなく、神様からのいただきものだ、と考えたのです。

縄文人は遠くの集落とも広く交易ネットワークを築いて様々なもののやり取りをしていましたが、それは各々が神様からいただいたものを、お裾分けするような感覚だったのでしょう。当然、縄文の人々は土地に対する所有権などの概念すら無いので、領地を拡大するために争うようなこともありませんでした。こうした縄文人の世界観については、笛木あみさんの著作『縄文人がなかなか稲作を始めない件』に、大変わかりやすく書かれています。

縄文時代の終わり頃から、稲作はまず西日本で始まり、徐々に東日本へと広まっていったと考えられています。神様のものであった土地に大規模な改造を加え、開墾して田畑を作り、水を引くという作業は、共同体の結びつきを生むとともに、自分たちが作りあげた田畑という土地への執着を生み出しました。

やがて稲作が根付き、多くの作物を生産するための土地が「所有」の対象となったことから、より広い耕作地を求めて領土拡大のために集団規模の戦闘が発生するようになりました。作物を貯蔵することで貧富の差も生まれ、次第に権力を持つ者が現れ、さらに支配力を強めて支配する者と支配される者が生まれました。

古代から比較的最近まで、物の取引は物々交換が基本でした。縄文時代には神様からのいただきものであった作物ですが、米などの長期貯蔵が可能な作物を大きな田畑で量産していくにつれて、物々交換の意味合いが変化していきました。

7世紀から8世紀、律令制の時代になると、租調傭《そちょうよう》といって、国への税を米や作物や、布や労務で納めることになりました。米や労役で税を納めるという時代はとても長く続き、米は物を交換する際の価値の尺度になっていきました。米がたくさん獲れる土地ほど価値が高いとされ、平安貴族も戦国武将も、みんなそうした土地を欲しがって政治争いをしたり、他国に攻め入ったりしたのです。有名な豊臣秀吉の太閤検地は、米の獲れ高を正確に把握して年貢を課すための一大プロジェクトでした。

江戸時代にも、年貢はおもに米で納められていました。幕府は年貢で取り立てた米を蔵に貯めていて、飢饉のときはそのお蔵米を放出したり、景気を見て市中の米の量を調整し、米の価格を安定させるなど、いまの日本銀行のようなこともしていたようです。

米は価値を測る尺度であり、交換手段として市中に流通し、そしてそれ自体が価値のある資産でした。それほど重要だった米ですが、明治時代になると貨幣にその座を奪われます。あらゆる物の価値はお金で測られ、交換手段として貨幣が流通します。

土地の価値も、基準が変わりました。それまで価値の高い土地というのは米がたくさん獲れる土地のことでしたが、米よりも、お金をたくさん生み出す土地のほうが価値が高くなっていったのです。

長い日本の歴史の中で、価値の基準は米だったり布だったり労役だったり、貨幣だったりと変化してきました。そして、いまは貨幣での取引ではなく信用取引や暗号資産といった目に見えないものまで価値の基準になっています。これから先の未来にも、どのような価値基準が生まれてくるのか想像もできません。ただ、長い歴史の中でも土地の価値というのは、神様のものであった縄文時代を除けば、弥生時代以降ずっと、奪い合いになるほど、認められてきたといえます。それもそのはずで、地球という生物が生息できる類まれな惑星の、安心して生活できる日本という国の限られた地表面のうち、ある一定量を完全に所有できるなどということは、ほぼ普遍的な価値だといって良いのではないでしょうか。

水辺の仏様

長野県長野市の善光寺は、日本で一番古い仏像といわれる阿弥陀如来様がご本尊です。「善光寺縁起」によれば、552年に百済から日本へ伝えられました。そしてこの仏像様はとても波乱万丈なのです。日本へやってきてすぐ、新しい宗教である仏教を受け入れる派と受け入れない派が対立し、受け入れ反対派の物部氏という豪族に、海へ捨てられてしまうのです。その後、長野から都へ仕事で来ていた本田善光という人が、たまたま海辺に打ち捨てられている仏像を見つけ、長野へお連れし、祀ったのが善光寺の始まりだとされています。

東京の下町、浅草にある浅草寺のご由緒も仏像様の受難から始まります。628年、地元の漁師である兄弟が隅田川で投網をしたところ、その網に観音様の仏像が掛かったのです。兄弟は、よくわからないから掛かった仏像様を水中に投げ捨て、再度網を投じます。しかし何度網を投げても仏像様が掛かってくるのです。仏像様が掛かるばかりで魚が捕れないため、兄弟は仏像様を持ち帰り、地元の長に見てもらったところ、功徳を授けてくれる仏様であるからお祀りしよう、ということになったのが浅草寺の始まりだったそうです。何度も水中に捨てられてしまったのが気の毒ですが、水中から見つけ出された仏様というところが善光寺とよく似ていますね。そして、どちらのお寺も無宗派の庶民のためのお寺であることも、共通しています。

また、浅草寺に伝わる話では、この仏像様が現れた日に、一夜にして辺りに千本程の松の木が生え、3日経つと天から金色の龍がその松林へ降り立ったといい、浅草寺の山号「金龍山」の由来となったそうです。

浅草寺から北東方向へ10分ほど歩いた隅田川の近くには、本龍院という浅草寺の子院があります。待乳山《まつちやま》聖天《しょうでん》とも呼ばれるこのお寺は、標高10メートルほどの丘の上にあります。この丘は縁起によると595年、当時は泥海であった一帯に、一夜のうちに出現した霊山であり、そのとき金色の龍が現れてこの丘を守護したということです。ここにも金色の龍が現れていたのですね。

日本では、古くから蛇や龍を水の神様として崇めてきました。荒れ狂う川の流れが龍のように見えたから、という説もあります。スサノオが退治したヤマタノオロチは、幾筋もの川で起きる氾濫の象徴だという説もあります。水は生きるためにかかせない恵みであるとともに、時として命を奪う恐ろしいものでもありました。水を司る蛇や龍を祀ることで水の恵みを受け、災いを遠ざけようとしたのでしょう。待乳山聖天の近くの隅田川は、当時は荒れ狂うこともある激しい川だったのかもしれません。

土地を統制する

国や領主が、国民もしくは領民に税を課すということは、大化の改新の頃には行われていたことが確実なわけですが、誰にどのくらいの税を課すのか、ということにはだいぶ腐心したのではないでしょうか。

そこに住んでいる人に一律に課税する人頭税や、田畑からの収穫量に対して課税するもの、関所を通過する際に課税される通行税、などなど、古代から中世にかけて、日本にも様々な税がありました。

豊臣秀吉が天下を統一した安土桃山時代には、太閤検地が行われ、日本各地の農地面積を測量し、作物の獲れ高を調べて年貢を課すようになりました。それ以前も、各国の大名などが独自に検地を行ったこともありましたが、正確さに欠けていたり、公平性に欠けていたりしたようです。

江戸時代にも年貢は田畑に対して課税されていましたが、明治時代に実施された地租改正により、田畑の収穫量への課税であった制度から土地の価値に対しての課税という制度に変わりました。この頃明治政府は土地台帳を整備し、土地の面積や所有者、利用の状況などを管理しました。あわせて、その土地がどこにあって、どのような形をしているのかを把握するために附属地図も作製しました。この附属地図はおもに村落単位に土地の形状を描いて、利用状況を色分けで表現しました。田畑は緑色、荒れ地は灰色、道は赤色、水路は水色、といった具合でした。

現在、日本の土地はほぼすべて、法務局に登記されています。登記簿には土地の所有者、面積などが記載されています。そしてよく、「公図」と呼ばれる地図のようなものも法務局に保管されていますが、この公図は地域や場所によって、精度がまちまちなのです。近年はGPS（全地球測位システム）という技術を駆使して、土地の正確な位置や形状を反映した地図の整備が進められていますが、整備の進捗にはどうしても地域差があり、遅れている地域では、先ほどの土地台帳附属地図をもとに作製された精度の低いものが使われていたりするのです。

もう20年ほど前になりますが、財務省関東財務局のとある地方の出張所に非常勤職員として勤務していた私は、国有地の管理を担当していました。その地域はキャベツが特産品で、キャベツ畑が高台に広がる自然豊かな場所でした。そんなキャベツ農家の方から、どうやらうちの畑の一部が国有地みたいなので払下げをしてほしい、というお話がありました。そこで、キャベツ畑の土地台帳附属地図や測量図、道路確定図などと照らし合わせてみると、どうやら畑のキャベツ一列分が、青地と呼ばれる国有地にかかっているようだ、ということが判明しました。この例は畑でしたが、普通に住宅が建っている敷地にも青地が紛れ込んでいるようなことがあるようです。その敷地をもし誰か第三者に売買するようなときには、トラブルにならないよう、払下げの手続きをしたほうが安心です。

青地がやたらと多い地域もあれば、少ない地域もあるようです。そもそも青地とは何なのでしょう。田畑が広がる景色を思い浮かべると、いくつもの田を囲むように、あぜ道があると思います。このあぜ道は、田畑を構成するのに必要不可欠ではありますが、それ自体は作物を生み出さない土地です。そのため、課税されない土地として、土地台帳附属地図には公共の道であることを示す赤色で塗られました。さらに、あぜ道をじっくり見ると、歩行する場所を支えるかのように両脇が斜面になっています。ここなどは、作物を植えることも歩行することもできない困った土地ですが、必要不可欠な土地でもあります。これを「国有畦畔《けいはん》」という国有地として扱うこととし、土地台帳附属地図に青く塗られていたことから青地と呼ばれるようになりました。しかし時代とともに宅地化されたり、畑を耕すうちにあぜ道にまで作物を植えてしまったりしたのでしょう。財務局の先輩から聞いた、嘘か本当かわからない話ですが、青地は幕府の直轄地だった地域に多い、というのです。年貢の取り立てが厳しかった藩では畦畔も課税の対象とされたのに対し、年貢の取り立てが比較的緩やかだった直轄地では年貢の対象面積にカウントされなかったとか。たしかに私が担当していた地域は全国的に見ても青地が多く、そして江戸時代には幕府の直轄地だった地域でした。

古い公図を見ていると、たまに不思議な土地というのがあります。やはり財務局に勤めていたときの話ですが、大きな県道が公図に描かれており、まっすぐ伸びたその道路の線が、突然コの字状に曲がって、そこだけ道路がポコッと膨らんでいるのです。

膨らんだ部分は一体何なのだろうと、住宅地図と見比べてみたら、そこは駐在所でした。実は県道も駐在所も国有地であったところを、県にまとめて貸し付けているのでした。なぜこんな形の土地になってしまったのか、それは想像でしかないのですが、昔は大きな街道を馬などで往来すると、途中で馬が死んでしまったりするので、馬の供養をするような場所が設けられていたそうです。このコの字型の土地は、そうした場所だったのかもしれません。しばらくして、「地図訂正」という手続きを行ったため、登記官が公図に1本線を引き、県道と駐在所の土地は別々の土地になりました。

このように、土地台帳や附属地図、公図などを見ると、昔の地域の様子が垣間見られたりするのです。そして、税をたくさん取りたい国と、できるだけ課税されたくない国民との攻防も、うかがえたりするのです。

江戸の町

新御茶ノ水駅の近くにあるお茶の水サンクレールという商業施設では、不定期でサンクレールマルシェというイベントが開催されます。私はいつもシフォンケーキとクッキーを目当てに出掛けています。

浅草橋近くの自宅から自転車でお茶の水サンクレールまで行くには、途中大変な坂を上らないといけません。浅草橋付近が海抜約2メートル程度なのに比べてお茶の水サンクレールは約20メートル程度と、およそ18メートルの高低差をだらだらと、ときに急激に、上っているのです。

この高低差を実感するのは坂だけではなく、神田川の川面との距離でも感じることができます。浅草橋あたりでは道路と並ぶような高さを流れているのに、昌平坂《しょうへいざか》中ほどまで来た頃には、もう眼下に見下ろすようになっているのです。この御茶ノ水付近

肥後細川庭園

の神田川は清々しくとても良い景色です。
御茶ノ水を過ぎ、さらに神田川を上流へ遡ろうとすると、飯田橋の手前で方角が変わります。江戸城のお堀跡の風情も良いですし、そのまま北寄りに進んで江戸川橋方面を行けば肥後細川庭園や椿山《ちんざん》荘《そう》の脇の小路など、目白台の台地と神田川が織りなす変化に富んだ素晴らしい景色になります。東京の町は、いたるところで台地と低地のコントラストが感じられます。

神田川は都心を流れているのにも拘らず、全区域が開渠《かいきょ》になっており、その源流は三鷹市にある井の頭公園の池です。一時は河川の汚染などが問題になった時代もあったそうですが、神田川をよみがえらせる活動の成果があり、こうして気持ち良く眺めることができています。

さて、江戸時代にこの井の頭池から東へ流れ、肥後細川庭園近くの「関口の大洗堰」を通り、水道橋付近で掛樋《かけひ》により江戸市中に飲み水として運ばれていたのが神田上水です。徳川家康が江戸へ来て、飲み水を引いた水道のうちの一つです。

「江戸っ子」という言葉があります。江戸で生まれ育った人のことを指しますが、江戸っ子は三代続いて江戸で生まれていなければならないとか、金離れが良く喧嘩っ早く短気でせっかち、という気風もよく語られます。そして、「水道の水を産湯に浴びる」というのも江戸っ子の誇りのようで、江戸市中に張り巡らされた水道を、とても誇りにしていたことがうかがえます。

徳川家康が江戸へ来てから行った事業は、飲み水を引く水道事業のほかにも日比谷入江の埋め立てや利根川の東遷、運河の開削など、現在の東京都の基礎を形作るものでした。とくに利根川の流路を大きく東へ逸らし、関東南部を広大な湿地帯から穀倉地帯へと変貌させたことは、江戸の奇跡といえるでしょう。日本の都市部というのはほぼ、平野で発展しています。大阪や名古屋、仙台や福岡といった大都市はみんな、海に向かって開けた平野に位置しており、なかでも東京は家康の創り出した日本最大の面積を誇る関東平野に位置しているのです。

１７００年代の江戸の町は人口１００万人を超える世界一のビッグシティとなりました。江戸の町を作り上げた家康の事業と功績については、じつにたくさんの書籍が出ています。ここでは小説をご紹介します。門井慶喜さんの『家康、江戸を建てる』は小説ですが、家康とその命を受けた家臣や職人たちが活き活きと描かれた読み応えのある作品です。

江戸の町は身分によって住む場所が分かれており、武家地、寺社地、町人地がありました。江戸市街の約80パーセントが武家地と寺社地であり、将軍様より拝領という形で与えられました。残りの20パーセントである町人地は地主が私有することを認められ、相続や売買ができたとされています。江戸中期以降、江戸の町では町人が住む家屋敷の取り引きが活発に行われました。港区立郷土歴史館では「沽券図《こけんず》」を展示しています。「沽券図」というのは町人の家屋敷ごとに形や広さ、金額や持ち主を記載した図面で、町の名主などによって作成され、幕府はこれを基に町人地を把握していたようです。私が港区立郷土歴史館に行ったときには、港区飯倉のあたりの沽券図が展示されていましたが、この飯倉のあたりは現在では大変地価の高いエリアとなっています。この沽券図に記された家屋敷の持ち主は、もしいまも所有し続けていたとしたら、きっと大金持ちになっていることでしょう。

三浦半島

私は三浦半島の出身なので、三浦半島の話を少ししたいと思います。

中世の三浦半島を支配していたのは三浦一族といって、桓武平氏を名乗る武士の一族です。朝廷と東北地方の豪族との戦である「後三年の役」に16歳で出陣した猛者、鎌倉権五郎は、敵の矢が目に刺さったまま奮戦したことで知られています。陣に戻った権五郎は仰向けに倒れ込みます。その目に刺さった矢を抜いてやろうと、いとこである三浦為継が権五郎の顔を足で押さえると、権五郎は「矢にあたって死ぬのは武士の本望だが、顔を踏まれるのは我慢がならない」と刀を抜いて激怒。為継は膝をかがめて顔を押さえて矢を抜いたという逸話が残っています。これを読んで、いやぁ鎌倉権五郎は勇猛である、と称える人は多いかもしれませんが、私は親切ないとこの三浦為継も、もう少し称えられても良いのに、と思うのです。

当時、都があった京都から遠く離れ、箱根の急峻な山々を越えた向こうに広がる「坂東」という地域は、都の人々にとっては文明外の野蛮な恐ろしい場所だと考えられていました。坂東武者は勇猛なことで知られていましたが、三浦一族も笠懸や犬追物などの武芸に秀でていたほか、強力な水軍も備えていました。平安時代の日本列島には、朝廷に屈しない勢力が東北地方を中心に存在していて、朝廷は度々討伐を試みています。当時、蝦夷《えみし》と呼ばれたその東北の勢力は大変勇猛で、一騎当千の働きをしたといいますが、やがて朝廷の勢力下に入ることになりました。朝廷は蝦夷の力を恐れ、九州や関東といった遠方へ分散して移住させ、国防にあたらせるなどしました。三浦の地で騎馬や操船の技を奮った兵は、もしかしたら、そうした蝦夷の末裔なのではないか、と私には思えるのです。その坂東が一躍日本の中心になる時代がやってきます。そのきっかけは源氏の御曹司、源頼朝が伊豆へ流されてきたことでした。

1180年に源頼朝が挙兵すると、坂東武者たちは次々に参陣します。伊豆半島で上がった狼煙《のろし》は、海を挟んで三浦半島の三浦氏を動かし、さらに房総半島の安西氏や千葉氏、上総氏も巻き込んでいき、一大勢力となって武蔵の国に到達。はじめは敵対する姿勢を見せていた江戸氏や畠山氏らも帰順します。じつは、この江戸氏と畠山氏は三浦氏にとっては因縁の相手で、頼朝の挙兵後、三浦氏の本拠地である衣笠城を攻め落とし、坂東武者の重鎮であった三浦大介義明を討ち取った仇なのでした。三浦大介義明の最期は見事で、吾妻鏡によると義明は、「源氏に代々仕えた家人として、貴種の再興に巡り合うことができた。老いた命を捧げ、子孫の手柄にしたい」と城に残ったそうです。城を無事に出ることができた三浦の新鮮な兵力が、三浦半島から船で房総半島へ向かい、頼朝一行と合流できたのは義明が城に残って敵兵を一身に引き受けたためといえるでしょう。

その後、鎌倉入りした源頼朝により鎌倉幕府が開かれ、小さな三浦半島は、日本の中心を支える役目を与えられました。鎌倉は南に海がひらけ、三方は山に囲まれた土地です。もし大軍が一挙に攻め入るとしたら、海から攻めてくることが一番に考えられるでしょう。そのために備えたのが、三浦氏の水軍でした。

鎌倉時代において三浦氏は、政治的にも軍事的にも重要な位置を占めていたのです。日本の中心を防衛する、という役割は、まるで三浦半島の天職のようで、それは現代まで続いているといえます。三浦一族はその後、北条氏により滅ぼされますが、室町時代には傍流が再興し、三浦半島から相模の国一帯まで支配するようになります。そこへ攻め込んできたのが戦国武将の嚆矢《こうし》、北条早雲です。

当時の三浦家当主であった三浦道寸《どうすん》は三浦半島南端の新井城に立て籠ります。道寸の娘婿は太田道灌の息子であり、援軍に向かいましたが北条軍に迎撃されて討死。長年にわたる激しい戦いのすえ、1516年に三浦一族は滅びました。新しい相模の国の覇者である北条氏は小田原を本拠地として、1590年に豊臣秀吉によって滅ぼされるまで続きました。小田原を攻め落とした秀吉は、すぐさま家康に関東への移封を命じます。関ヶ原の合戦を経て江戸時代が始まると、家康は100年以上前に太田道灌が築いた城を本拠にまちづくりをはじめます。このとき、三浦半島は再び日本の中枢を防衛する役割を負ったといえるでしょう。江戸の町は、もしも敵艦が東京湾に侵入したらひとたまりもない場所に位置しています。海は交易により富をもたらす源泉であり、その一方で禍が舞い込む開口部でもあるのです。東京湾の入り口を押さえる重要な防衛拠点が三浦半島でした。そしてその役目は、江戸すなわち東京が日本の首都である限り、三浦半島が背負い続けるものなのです。

三浦半島には国有地が多くあります。なぜかというと、旧日本軍が練兵場や砲台などの軍事施設をたくさん設置していたため、戦後は旧軍財産として国が所有することになったからです。また、かつては日本軍のもので、米軍に接収されたままの土地もあり、アメリカ海軍横須賀基地はその一つです。地元の人々には通称ベースと呼ばれていますが、戦前は横須賀海軍工廠という日本海軍の重要施設があった場所です。そしてさらに遡れば、この土地は江戸幕府の造船所があった場所なのです。

江戸時代後期になると、鎖国をしていた日本に対し、開国を求める異国船がたびたびやって来て江戸幕府に脅威を与えました。江戸の将軍へ談判をしに来る異国船は東京湾を目指して来ますので、まず迎え撃つ役目を負うのが、三浦半島の東端に陣取る浦賀奉行所でした。現在、防衛大学校のすぐ近くに観音崎公園という広い公園がありますが、ここには江戸時代から浦賀奉行所の砲台が設置されており、実際に異国船に対して砲撃をしたこともあったようです。この場所も、旧軍財産として国が所管し、神奈川県へ貸し付け公園として整備した土地です。

三浦半島浦賀沖に4隻の黒船がやって来て、幕末の動乱の幕が切って落とされました。このときの浦賀奉行所の活躍ぶりはあまり知られていませんが、地元の郷土史家であられる山本詔一さんが、とても詳細な研究を著した作品を複数出されています。『浦賀与力中島三郎助の生涯』は、多くの方に読んでいただきたい1冊です。

異国船の威容を間近で見て、折衝に当たった浦賀奉行所の与力たちは江戸の人たちよりも一層敏感に、欧米列強の脅威を感じたことでしょう。東京湾に台場を築くことを進言したり、いちはやく軍艦を建造することを説いたのも、実際に目の当たりにした黒船への危機感からきた行動だったのだと思います。

開国に踏み切った後、浦賀奉行所が異国船へ砲撃することはなくなりましたが、欧米列強の脅威への備えとして、江戸幕府はそれまで禁止していた大船の建造を許可し、軍艦を製造するために横須賀に製鉄所を設置しました。ここでは蒸気機関によるスチームハンマーなど、当時最先端の西洋文明を取り入れた造船技術が用いられていたのです。

この横須賀製鉄所建設を計画したのは、勘定奉行の小栗上野介でした。建設のためには多額の費用が必要で、幕府からは反発が大きかったようですが、横須賀製鉄所の建設について小栗が、「これで、たとえ幕府が売家になっても、蔵付きになりますぞ」と語ったというのは有名な話です。この横須賀製鉄所で建造された軍艦は明治から昭和にかけて日本の海軍を大いに支えましたが、敗戦後、米軍に接収され、そのままアメリカ海軍基地となったのです。まさに小栗の語ったとおり、蔵付きの売家となってしまったかのように。

三浦半島はいま、高齢化の波にさらされています。戦前・戦時中、首都を防衛するために多くの働き手が三浦半島へやって来て、とくに軍港都市横須賀にはたくさんの人が集まりました。そうした横須賀のピークを知る世代の人たちが、高齢となっているのです。町も人と同じように、壮年期を過ぎ老いを迎えています。

上野戦争

長い江戸時代のなかで、江戸の町は幾度も火災や災害に見舞われましたが、激戦の舞台となったのは上野戦争だけだったのではないでしょうか。

新政府軍は鳥羽伏見の戦いで旧幕府軍を破り、官軍を名乗って江戸へ攻め寄せました。徳川方は徹底抗戦派と恭順派に分かれます。勘定奉行の小栗上野介は徹底抗戦を主張し戦術も説きますが、徳川慶喜は恭順を決めます。

勝海舟と西郷隆盛の交渉により、江戸城無血開城のはこびとなったことはよく知られていますが、長期政権を担った徳川から新政府への権力の移行が無血で達成されたことは大きな成果であり、また人口１００万人を超える世界的大都市である江戸の町が、その都市機能をほぼ無傷で明治新政府の手中に入ったことは、その後の近代化への道筋に大きく貢献することにもなったでしょう。

こうして戦火を免れたとされる江戸の町ですが、旧幕臣たちの想いを一手に引き受けるかのように、上野で局地戦が勃発します。徹底抗戦派の旧幕臣たちが彰義隊を結成し、徳川家の菩提寺である上野の寛永寺に集結します。新政府軍との衝突は激しく、彰義隊は壊滅し寛永寺の広大な境内は焼け野原となりました。上野戦争終結後、明治政府の要人たちが東京へ居を構えます。戊辰戦争により多くの大名屋敷が無人となっていたため、皇族や華族はそうした元大名の屋敷地などを住まいとしたそうです。また、幕府の御用地などもそのまま明治政府の施設建設地に利用されました。上野戦争の戦地となった寛永寺境内も活用しようという話になりましたが、多くの血が流れた場所は公園とするのが良いという意見を採用し、現在の上野公園が設置されたのです。その後、上野公園は明治の新時代を象徴するような華々しい場所となります。国立の博物館が設置され、西洋料理のレストラン上野精養軒が開業。1877年には内国勧業博覧会が開催されました。現在、上野公園はいくつもの博物館や美術館、図書館や動物園、音楽堂なども備える文化の杜となっていますが、寛永寺の門には上野戦争の銃弾跡がいまも残っています。

荒川放水路

首都を守る役目を負うというのは軍事的な意味ばかりではありません。東京に住む私たちは、様々なものから守られていることを知らなければならないと思うのです。江東区を東西に流れる小名木川《おなぎがわ》の東端まで足を延ばしてみると、かつての江戸幕府の船番所がありますが、ここでは運河を行き交う荷舟の取り締まりをしていたそうです。徳川家康が江戸に入って最初に整備をした運河が小名木川でした。これは千葉の行徳《ぎょうとく》という塩の一大生産地から江戸まで安全に塩を運搬するためのものでした。家康は江戸から五街道を整備するなど陸路の整備に力を注ぎましたが、江戸の市中においては水運を大変重要視しました。

とくに本所や深川と呼ばれた現在の墨田区・江東区や月島など中央区の東京湾沿いは、江戸時代に整備された運河が縦横に走り、いまもその名残で大変橋の多い町です。小名木川は東端で旧中川と合流し、荒川に流れ込みます。ところが旧中川と荒川には最大で約3メートルも水位の差があるのです。

小名木川

小松川閘門

明治時代に入って荒川放水路が開削されると、荒川と旧中川との水位の差に対応するため小松川閘門《こうもん》が建設されました。パナマ運河のように水位を調節して船の運航を可能にする水門です。小松川閘門が完成したのは昭和5年、いまは役目を終えて、大島小松川公園内に保存されているため、その威厳ある姿を見ることができます。

小松川閘門に代わって現在稼働しているのが荒川ロックゲートです。災害時などに鉄道や道路輸送が困難になった際には川から救助物資を運ぶことなどを想定しているそうです。

２０２４年10月に、荒川放水路は通水１００周年を迎えました。荒川放水路というのは、荒川が流れる東京都北区の岩淵水門より下流に建設された人工河川です。岩淵水門近くにある荒川知水資料館には、荒川放水路建設に関わる資料が、とてもわかりやすく展示されています。

江戸時代から、江戸の町はたびたび荒川の氾濫による洪水に見舞われました。そのため幕府は江戸の市街地を守るために、現在の墨田区や台東区にあたる流域に隅田堤や日本堤を建設しましたが、その影響により上流の農村部での洪水が増加したのです。明治時代になると、東京東部の下町には工場が増え、地下水のくみ上げによる地盤沈下なども影響し、ますます洪水が頻発するようになりました。そこで計画されたのが、荒川の流れを変える大工事でした。

１９１１年に着手された工事は、東京都心近くを流れる隅田川の許容量を超える流量を北区岩淵に設置する水門によって遮断し、人工の放水路に流すという大規模なもので、線路の移設や橋の架け替えなども必要となるほどでした。

赤水門

必要となる用地も広大で、立ち退き移転を余儀なくされた住民は1300世帯にのぼりました。荒川放水路の敷地となった町や村の人々は先祖伝来の土地を失って、田畑やそれまでの職も失い、共同体も分断されました。そうした多大な犠牲のうえに完成した荒川放水路のおかげで東京という町は水害を免れ、繁栄してきたのです。

東京の土地がなぜ高いのか、それは夥《おびただ》しいほどの人々の涙と汗で築き守られてきたからだという側面があることを、忘れてはならないと思います。

荒川や隅田川、神田川など、東京は川

に囲まれています。

徳川家康入府の頃から、東京は水害との戦いの繰り返しでした。江戸期から明治に入っても、大正・昭和の時代になっても、東京では水害による犠牲が多く発生し、その苦い経験から、首都を守るための治水事業が行われてきました。しかし多くの治水事業は、通常完成までに何十年とかかる事業です。その間には税金の無駄遣いといわれることもあるし、そこまでする必要があるのかと問われたりもします。また、事業が完成したのち実際に効果を発揮するのはさらに何年後の話になるのか、誰にもわからないのです。

それでも、先人たちがコツコツと進めてきた事業は、荒川放水路しかり、首都圏外郭放水路しかり、確実に現在の東京を守っているといえるのです。

２０１９年に関東地方を襲った台風による被害は記憶に新しいところです。

ここ数年、行政が発行しているハザードマップの想定雨量が大きく改定されています。これまでよりも大きな災害を想定し、ハザードマップを作り直しているようです。これからは、いままでの想定を超える規模の災害に備えなければならないのでしょう。

家康の時代、都市建設のベースになった関東の地勢や水脈を、トータルコーディネートする形で江戸のまちづくりは進められたと思います。関東平野を囲む山々や、そこから流れる利根川などの流れを、鳥のように高い視点で捉えていったのだと思います。

いまの東京の町はいかがでしょうか。ツギハギだらけの開発になってはいないでしょうか。町をひとつ作るというような大きな事業といえども、関東平野と山脈や水脈まで考慮したものとはいえないのではないでしょうか。もしそうなら、おのずと自然と都市のバランスは崩れていくものなのかもしれません。

たとえば急速に発展したようなベッドタウンにタワーマンションが林立し、排水等のインフラが追いつかないために内水氾濫《ないすいはんらん》が起こって人命が失われるようなことが起きたりするのではないでしょうか。

開発すること、町を作るということは本当に責任重大なことで、ちょっとしたボタンのかけ違いで大きな災害を招くことになります。

首都

東京都心というのは不思議なところで、ここを中心にあらゆる道路網や鉄道網が放射状に、または環状に張り巡らされているのですが、そのちょうど真ん中にあたる皇居周辺は、緑に覆われ道路も鉄道も通わないのです。まるで台風の目のように、ぽっかりと。

明治維新の際、京都の天皇が東京へお遷《うつ》りになることになり、京都の人々は大変な不安を感じたそうです。天皇が東京へ遷るということは、この国の中心が京都から東京へ遷るということだと考えられるからです。

もちろん約３００年の江戸時代の間、すでに江戸は政治経済の中心となっていたかもしれません。けれど京都には依然として天皇がおわし、千年続く都は確かに京都に存在していたのです。徳川家は代々、天皇から征夷大将軍に任命され、政治を任されていたに過ぎず、京都の人々にとって江戸は、一地方に過ぎなかったのです。
ところが天皇が京都を離れ、東京にお住まいになる、となったら話は変わります。政治経済のみならず国の中心たる機能が京都から離れてしまうことになるのです。

「遷都」は、日本の歴史の中で古代より幾度か行われてきたことではありますが、遷都の後は藤原京も長岡京も、田畑に埋もれて都の名残など消え去ってしまっています。もし仮にいま東京からどこか別の都市に遷都するとなったら、東京に住む人々はどんなに動揺することでしょう。ですから、明治の初頭、天皇の東京へのご移動は、大変に気を遣いながら進められたのです。

もっとも京都の人々はただ動揺していたばかりではありません。いずれ国の機能が東京へ移され、天皇も公家も、大きな商家もみんな、京都を離れてしまったとしても、残された町の人々の力で京都を支えていかねばならないのだと、琵琶湖疏水を建設し、水力発電を取り入れ、水運の確保や路面電車の敷設、新しい工場の設置など、京都の近代化と経済発展に取り組む民間の力強さを備えていました。

戊辰戦争の混乱がまだ収まらない間でありながら、東京を西洋に引けを取らない首都に相応しい都市にするため、明治新政府は巨額の予算を投じて市区改正事業に乗り出します。

永井荷風がその作品『日和下駄』のなかでずいぶんとこき下ろしている、この市区改正事業により、東京は江戸の姿を消し去り、「似非《えせ》西洋」と荷風が呼ぶような、ロンドンやパリを真似た近代都市に生まれ変わります。

私は、江戸の情緒を解さないからなのか、銀座の煉瓦街や霞ヶ関の官庁街、東京駅、日比谷公園、日本橋、日本銀行、一丁倫敦《いっちょうろんどん》と呼ばれた丸の内などが建設された明治の帝都は、どれほど華やかだったのだろうと、わずかに残る当時の面影を探しては想像してみたりしています。

1923年、関東大震災により、国が威信を賭けて建設した、この素晴らしい帝都は壊滅的な被害を受けてしまいます。首都が壊滅とは、いったいどのような絶望感だったでしょう。あの明治維新でも多くの人々の知恵と努力によって守りぬかれた江戸の町の都市機能と、その上に心血を注ぎ丹精込めて築かれた近代建築物の数々が、そこに暮らす人々の命や財産とともに、1日で崩壊したのです。永井荷風は、「江戸の文化も明治の文化も消え去った」と嘆いています。

首都の被災に対して国の動きは速く、復興計画は迅速に進められました。「復旧ではなく復興を」をスローガンに掲げ、従来の姿に戻すのみではなく、災害に強い都市として再整備を行うべきであるという強い意志を持って練りあげられた復興計画では、広い道路や防火帯となるオープンスペースが設けられ、避難時に人が殺到する河川にはＲＣ造の丈夫な橋梁をいくつも架けることを構想していました。しかし地権者との交渉の難航や予算の不足などで事業規模は大幅に縮小し、復興計画事業は実効性に欠ける不本意なものに終わってしまいました。

ただ、この時期に復興事業として建設された隅田川の橋梁群を見ると、どれをとっても意匠が凝っていて、現代の私たちから見ても美しく誇らしく、中でも永代橋と清洲橋は東京湾から帝都東京へ向かう船舶を出迎えるゲートとして多額の予算を割いて建造され、その優美な姿から「帝都復興の華」と呼ばれました。また、災害時の避難場所として想定された小学校などは、いわゆる復興建築と呼ばれ、ＲＣ造のデザイン性豊かなものが多く建てられました。震災後の住宅難に対応するため建設された同潤

清洲橋

会アパートも、いまなおそのデザイン性を評価する声があるほどです。御徒町公園や浜町公園、横浜の山下公園なども設置され、防災と美観という観点から都市が計画再整備されていきました。復興期の都市計画については越澤明さんの『東京都市計画物語』を是非とも読んでいただきたいと思います。

江戸時代の江戸の町も、もちろん防災の必要から幾度も整備された町ではありました。とくに明暦の大火による被害は甚大で、江戸の町の三分の二が焼けたといわれています。当時の隅田川には防衛上、千住大橋しか架けられておらず、川

永代橋

に避難路を絶たれた多くの人が亡くなりました。

この反省から幕府は隅田川に両国橋を架け、火除け地を設けるなどの対策を行いました。その後、隅田川に両国橋がかかったことで、特に両国橋の対岸である本所や深川といったところが急速に人口増加し都市化していきました。

このように江戸・東京の町は災害から復興する度に都市として拡大していった側面があります。関東大震災では本所や深川といった東部の被害が甚大だったのに対し、東京西部は人口もまだ少なく比較的被害が少なかったため、これまで東に偏っていた東京の発展拡大は、新宿や渋谷などといった西側へとシフトしていくことになるのです。

じつはこの関東大震災が発生したことにより、国の中枢では「遷都」すべしとの声が上がりました。これに対して9月12日「帝都復興に関する詔書」が発せられ、「東京は帝国の首都」であり、「国民経済の枢軸」、「国民文化の源泉」として国民一般から仰ぎ見られており、震災により大打撃を受けたが、東京が「我が国都」としての地位を失うことはない、と述べられました。これにより遷都論は早々に立ち消えたようです。もし遷都論の審議に時間を取られていたら、復興計画はもっと遅れていたかもしれません。何より、これから復興しようという東京市民の心にどれほどの絶望感を与えたかしれません。

関東大震災から22年後、多大な苦労を重ねて復興した東京の町は、昭和20年の東京大空襲により、再び焼け野原となりました。もしも関東大震災時の復興計画通りに整備が出来ていたなら、このときの空襲の被害は大幅に縮小できていただろう、と昭和天皇は悔やまれたといいます。

1945年8月15日の正午、日本の敗戦を告げる玉音放送がラジオから放送されました。このときのお言葉がとても難しく、庶民の多くが、内容を理解できなかったという話もあります。GHQは東京有楽町に本部を設置し、丸の内地区の多くのビルを接収しました。当時もいまも、東京の一等地です。そこで日本の非軍事化や民主化を進め、財閥解体や農地解放などを行いました。天皇や政府も管理下に置かれたのです。日本の占領とその後の施策を円滑に行うため、GHQは日本人について随分と調査研究したようです。歴史や宗教、ものの考え方を研究し、軍国主義へ結びついた要因を炙《あぶ》り出すことが必要だったのでしょう。日本人自身さえ知らないようなデータをたくさん持っていたのかもしれません。

戦時中、東京の人口は疎開などにより激減していましたが、戦後は引揚者や復員者などで都市部の人口が増え、それを賄う食料などの物資は到底足りず、上野駅の構内には戦災孤児もあふれ、日々餓死者が出るなど困難な状況に陥っていました。正規ルートで手に入る食料や生活物資だけでは生活が立ちゆかないことから、上野や新橋などでヤミ市が形成されました。古くから続いている商店街やショッピングセンターのなかには、戦後のヤミ市がルーツだというところが少なくありません。人々は衣類や持ち物を売りお金に替えて、ヤミ市で食料を得る生活を送りました。破壊された道路の修理や焼け出された人々のための住宅建設など、少しずつ生活を立て直していきました。

深刻な物資不足で物価が上昇し、貨幣価値が下がることをインフレーションといいますが、この時期はとくに深刻で、ハイパーインフレと呼ばれました。その後、朝鮮戦争による特需から日本経済は神武景気と呼ばれる好景気を迎えます。その後、景気の落ち込みと好景気とを繰り返しながら高度経済成長期を迎えるのです。

敗戦時には激減していた東京の人口は、復興が進むと急速に増加し、以後現在に至るまで右肩上がりです。１９５６年には「もはや戦後ではない」という言葉が流行語となり、１９６４年の東京オリンピック開催が決定すると、池田勇人内閣は「所得倍増計画」を打ち出し、東京はさらに急速に発展します。しかし、その代償として発展にともなう大気汚染や河川の水質悪化といった公害問題が発生しました。一大工業地帯となった京浜工業地帯は用地不足により沿岸の埋め立てを加速。排水や排煙による健康被害や交通渋滞の発生。そしてオリンピックに間に合わせるため急ピッチで進められた首都高速道路建設による美観の喪失など、急速な経済成長と引き換えに東京は醜く住みにくい都市へと変貌していきました。

永井荷風が『日和下駄』のなかで嘆いていた似非西洋の街並みのほうが、この頃の東京より段違いに素敵だっただろうにと、私は思ってしまうのです。

東京都は排ガス規制など様々な対策を行い、少しずつ環境は改善されてきています。経済発展が重視され過ぎていた時代は変わり、いまでは都市開発も環境や美観を重視して計画されるのが当たり前となっています。ビル開発大手の企業がビオトープ研究をしているくらいです。

私はメダカを飼っています。魚を飼育する人はご存知だと思いますが、メダカやほとんどの魚類は、水道水の中では健康を保てません。必ずカルキ抜きという作業を経た水で飼育しなければなりません。カルキというのは残留塩素のことで、水道水を消毒するために使用された塩素が残留していると、小さな魚は体調を崩し、下手すると死んでしまうことになります。東京の水道水は、以前は悪評高く臭くてまずい水、東京の水は飲んではいけない、と巷ではささやかれていたものですが、じつは東京都の水道水は現在、高度な浄水機能により、とてもおいしい水に変化を遂げているのです。我が家の水道水を例にとると、主に利根川水系から金町の浄水場を通って供給されますが、この金町の浄水場で高度浄水処理を行い、国の定めた基準よりもさらに厳しい基準で水質を管理し、一般の人がミネラルウォーターと飲み比べても違いがわからないほどにまでなっています。

しかし残念なことに、地下水から有機フッ素化合物が検出される地域もあるなど、安心安全な水道水が損なわれている可能性も否定できません。

思い出してみましょう。縄文時代のピークであった中期に最も遺跡数の多かった長野県に次いで第2位を誇っていた東京。縄文の人々が東京に住むことを選んだのは、飲み水となる綺麗な湧水を得られたこと、豊かな海産物が得られ、交易ネットワークを築けたことが挙げられます。東京は再び、おいしい水と綺麗な海や川を取り戻そうとしているのです。

水は空から雨として山に降り注ぎ、地上では川となり、地下では地下水脈となって海へと流れます。そして海から水蒸気となって、また空へ巡るのです。

水平方向の世界観と垂直方向の世界観が、矛盾なく受け入れられるのは、この水の循環を思えば当然のことなのかもしれません。

東京山の手の紀尾井町は、紀州徳川家、尾張徳川家、井伊家の屋敷があったことから三家の頭文字をとって紀尾井町と呼ばれるようになった由緒ある町です。その紀尾井町に建設された「東京ガーデンテラス紀尾井町」という複合ビルは、建物周辺に緑地を配置し、皇居や都心の緑地との連続性をもたせ、エコロジカル・ネットワークを形成しています。これは単なる緑化に留まらず、自然の力に任せた生物の多様性を育むというところに意義があります。

水槽でメダカを飼育する場合、カルキ抜きした水にメダカを泳がせただけでは、数日で死んでしまいます。メダカは自らの排泄物によりアンモニア中毒になってしまうのです。メダカが水槽で生きていくためには、このアンモニアを分解するバクテリアが水中に生まれていなくてはならないのです。このバクテリアは普段、私たちが暮らす空気中に常に漂っていますので、放っておけば水中に取り込まれていきます。取り込まれたバクテリアはメダカの排泄物を餌にして有毒なアンモニアを弱毒性の亜硝酸塩に分解します。すると、また別のバクテリアが、弱毒性の亜硝酸塩をさらに無害な硝酸塩へと分解してくれるのです。ここに水草も入れてやると、硝酸塩を養分として勝手に育ってくれるのです。最近では、この作用を利用して農薬を使わずに野菜を栽培するアクアポニクスという方法に注目が集まっています。そしてメダカの好物であるミジンコや植物性プランクトンも硝酸塩を餌にして増えるので、メダカ飼育の上級者はほとんど手をかけずに自然に任せるだけで良いというのです。ビオトープも、そうした自然の力に任せて生態系を生み出そうという装置です。

まちづくりの最先端では、このように極力人間の介在しない方法で、都心に循環する生態系を取り戻す試みも行われているのです。生物多様性に配慮したまちづくりが進められた先に、また違った東京の姿が見えてくることでしょう。

おわりに

2024年5月、公益財団法人不動産流通推進センター主催の研修に、竹村公太郎先生がご登壇されました。『日本史の謎は「地形」で解ける』、『地形と気象で解く日本の都市誕生の謎』など、先生の著作はご自身の治水事業に携わったご経験から、インフラを基に日本史の謎を解き明かす、大変面白く示唆に富んだ作品です。この研修も、すばらしく有意義なものとなりました。

不動産の道を選んだなら、土地の歴史を知ることが大切であり、土地は歴史の塊であるという先生のお話を聞き、それまで曖昧にしか思い描いていなかった自分の考えに、輪郭が現れてきたように感じました。

土地は、文明を支える下部構造つまりインフラであり、文明は土地や気象というインフラを舞台に繰り広げられる上部構造なのだというのが竹村先生のお言葉です。その目には見えないインフラがいかに重要かを説く研修テーマであり、不動産に携わるうえで重要なことを教えていただいたと思います。黒澤明監督の『天国と地獄』という映画のなかで、靴製造の会社を営む主人公は、「帽子は女の頭に乗っかっているだけだが、靴は女の全体重を乗せているんだ」と言って原価の安い靴の量産に反対します。それなら不動産は、人間の文明のすべてを乗せているのだ、と私は思います。金や株式など、資産と呼ばれるものは種々ありますが、それらと不動産とは大きく異なります。「今だけ、自分だけ、お金だけ」を見ていては、「未来の、まち全体の、生命や文明」を壊すことにもなりかねないのです。

現代の日本で暮らす私たちが、どれほど多くのものから恩恵を受けているか、何を犠牲にしてきたのか、そこに思いを巡らせることが大切なのだと思います。東京一極集中といわれて久しいですが、その繁栄をもたらしたのは決して東京だけの力ではありませんでした。首都東京を懸命に守り、ときには犠牲にもなった周縁の存在があったのです。日本列島において、古くは縄文の時代から日本列島は交易ネットワークでつながり、様々な文化を共有してきた、いわば列島そのものが大きな共同体だといえるのではないでしょうか。歴史を振り返れば、日本の海から海へと縦横無尽に文化を伝播する力を持った逞しい日本の人々の姿が見えます。東京が首都たりえるのは、こうした日本列島のネットワークを集約し続ける力によるのでしょう。街道が収束し海路の発着の場でもある東京に集まってくる日本列島全体の力があってこそなのです。

東京はこれまで何度も発展と停滞、繁栄と崩壊を繰り返してきました。約1万年続いた縄文時代は外へ拡大するよりも共同体ネットワークの内へ内へと向かう成熟の文化でした。水田稲作により爆発的に人口が増えた弥生時代、領地拡大を目指し、外へ外へとエネルギーを放出した中世を経て、300年の江戸時代は再び内へ向かい世界に誇る江戸文化が醸成されました。明治維新により殻を破ったかのように再び外へ向かったエネルギーは奇跡のような近代化を達成しました。

東京の土地を舞台に、これからどんな文明が展開されるのでしょうか。失われた30年が、実は停滞ではなく熟成の時代であったのだ、といえるよう、日本人の歩みを振り返ってみることで、何かヒントが得られるかもしれないと思うのです。

参考文献

『ビジュアル版　縄文ガイドブック』勅使河原彰　新泉社
『茅野市尖石縄文考古館　展示図録』茅野市教育委員会
『信州の縄文時代が実はすごかったという本』藤森英二　信濃毎日新聞社
『東京に生きた縄文人』東京都江戸東京博物館
『信濃が語る古代氏族と天皇』関裕二　詳伝社
『アイヌと縄文』瀬川拓郎　ちくま新書
『日本の古式捕鯨』太地五郎作　講談社学術文庫
『縄文人がなかなか稲作を始めない件』笛木あみ　かもがわ出版
『家康、江戸を建てる』門井慶喜　祥伝社
『ビジュアルでわかる江戸東京の地理と歴史』鈴木理生・鈴木浩三　日本実業出版社
『浦賀与力　中島三郎助の生涯』山本詔一　ブックレットかながわ
『街道をゆく　三浦半島記』司馬遼太郎　朝日新聞出版

『日和下駄』永井荷風　講談社文芸文庫
『東京都市計画物語』越澤明　筑摩書房
『日本史の謎は「地形」で解ける』竹村公太郎　ＰＨＰ文庫
『地形と気象で解く日本の都市誕生の謎』竹村公太郎　ビジネス社
映画『天国と地獄』監督黒澤明

著者プロフィール

善財 佐紀（ぜんざい さき）

1978年生まれ 神奈川大学法学部卒業
神奈川県横須賀市出身
関東財務局の出張所に非常勤職員として勤務、国有地の管理等に従事。その後不動産鑑定評価の補助業務を経て、現在は民間企業にて公認不動産コンサルティングマスターとして、日々東京の不動産に関するリサーチに励んでいる。

東京ができるまで

2025年３月15日 初版第１刷発行

著 者 善財 佐紀
発行者 瓜谷 綱延
発行所 株式会社文芸社
〒160-0022 東京都新宿区新宿１－10－１
電話 03-5369-3060（代表）
03-5369-2299（販売）

印刷所 株式会社晃陽社

ISBN978-4-286-26187-4